닿을 수 없는 슬픔에게

조광자 시집

문학의전당 시인선

357

닿을 수 없는 슬픔에게

조광자 시집

문학의전당

시인의 말

내 깊은 내면에는 현실에 수용되지 못하고
웅크려 있는 슬픔이 있다.

몸을 관통하는 낯선 외로움에 대하여,
쓸쓸함에 대하여,
어리석은 질문을 보태어 내어놓는다.

이 첫걸음이, 그래서 더욱 애틋하다.

2022년 12월
조광자

차례

제2부

제3부

제4부

제1부

답장

내 곁에 머무는 난(蘭)의 가슴에
사랑의 연서를 보냈는데

추운 겨울에 가느다란 대궁을 밀어 올리더니
하얀 별꽃을 매달아 놓았다

사랑이 별을 달고 왔다
지상으로 내려온 별들이 어두운 방 안을 환하게 피웠다

추신으로, 향기까지 덧붙였다

휘어지다

평생을 뒤척이며 허리가 뒤틀렸다
꼬인 근육이 견디는 통증이 깊어지면
옹이 진 마음도 같이 자란다
꼿꼿하게 세우지 못한 허리에
누군가는 손을 얹고
더러는 비웃고 지나쳤을 그 길

기꺼이 고개를 숙이거나
에돌아가야 하는 기울어진 허방에
왜, 굵은 성깔의 가지 하나 키우지 못했는지
한 줌의 주먹도 스스로 내지르지 못했는지

그 마음 순하게 풀다 보면
해마다 푸름이 더해진다고
우듬지도 무성하여 바람막이가 된다고
짓무른 눈가를 문지르며 바라보시던 어머니
그 말씀이 썩어서 거름이 되도록
여름 한철 자갈밭에 묻혀 산다

갈라진 맨발을 딛고 일어선 바람이 산을 넘어가는 소리
허물어진 마음이 봉긋해지도록 다독이는 소리

비탈진 길에 휘어진 소나무 한 그루
그만 쉬었다 가라고 구부러진 허리를 내민다
차마 앉을 수가 없어 돌아서 간다

일출

생각하건데, 내가 살아온 날들에서
내세울 만한 가슴 떨리는 절정의 순간을 마주한 적 없어
차고 오르는 환희의
뭉클거리는 오르가즘을 느껴본 적이 없네

미늘이 널려 있는 바닷속으로
누군가 전송해 온 몇 컷의 이미지에 홀려
타오르는 저 붉고 장엄한 절정의 순간을 훑는다

무디어가는 몸을 데우기에는 이미
시들한 감각을 세워
푸른 관음의 가랑이 사이로 아득히 솟아나는 불꽃
부르르 탯줄이 떨어진다

핏빛, 바다가 들어 올린 아이
첫울음이 낭자하다

산다는 것

느릿느릿 되새김질하는 강
가는지 오는지 깊은 속을 보이지 않는다

밀림 한가운데서

사자에게 먹히고 있는 새끼를 바라보는
어미의 눈이 저랬다

온통, 검푸른 동공뿐이었다

분꽃

한해살이 근본도 없는 것들
자투리땅에 뿌리를 내리고 세 들어 산다

이웃이 누르는 그늘에는
발라낼 햇살이 한 줄도 없다
디딜 곳을 찾아 이리저리 흔들리는 동안
느슨해진 해가 그늘을 들치고 손짓을 한다
뼈대를 키우지 못한 여린 싹을 안고
지긋이 몸을 튼다

마디마디 누워서 어디로 가야 하나
비틀린 관절들이 집 밖으로 밀려나
문간방에서 몸을 풀었다

낮이면 입 다물어 고개 숙이고
밤이면 몰래 별들에 몸을 연다
벌 나비 찾아오지도 않았는데
한 태에서 색색으로 피어난 분꽃

까만 씨앗 여럿 품었다

오늘 밤, 별똥별 수없이 떨어지겠다

우리 집은 자가 격리 중입니다

누구는 코로나바이러스가
재앙만 가져다준 것이 아니라고 하네
한 손에는 왕관 corona*을 들고
걸음을 멈추고
가족의 옆자리를 느껴보라고 하네
벽에 왕관을 걸어두고 집으로 돌아가라고 하네

마음은 바람과 같아서 밖으로만 흐르고
서로의 입을 막아 버렸네
작은 미물의 바이러스가 우리를 갈라놓은
진짜 속내는 무엇일까

하늘을 올려다보고 발아래를 내려다봐도
내가 세워 놓은 서푼 어치의 콧대는 허물어지지 않네

여권이 없어도 국경을 오가는 코로나
맹독성의 주장이 언성을 높이네

너무 오래 같이 살아온 탓일까
끝없이 반복되는 회로의 펜데믹
당신은 안방으로 나는 거실로

오늘 이 순간에도
당신이 아파서 나도 아프네

---

*라틴어나 스페인어로 왕관이라고 함.

요양병원

분리수거함에 낡은 가방을 내다 버렸다

형체를 버린 가방이 누런 입을 벌리고 누워 있다
각을 잡아주던 근육이 빠져나갔고
잦은 외출이 주저앉았다

몸을 받아주는 것은 금속의 차가운 침대와
꼬박꼬박 챙겨가는 간병인의 시간만 옆에서 졸고 있다

싸늘하게 식어버린 손잡이의 온기
한 올의 기억도 풀어버리지 못한 그 이름

꼬깃꼬깃 접어둔 집의 귀퉁이가 먼저 닳았고
다니던 골목이 오락가락 지워졌다

살아서 돌아갈 수 없는 그곳에는 남은 가족이 산다

얼음꽃

더부룩하게 부풀어 오른 하늘이
밤새 입김을 토해냈다
하늘과 마주 보고 서 있는 조무래기 나무들도
마지못해 하얀 옷으로 갈아입고 어깨가 무거워졌다

눈부시게 피어나는 얼음꽃
손끝의 핏줄이 얼어붙는 빙점의 순간에
고통의 피돌기가 멈추고 방울방울 꽃이 되었을까

눈물도 없이, 아픔도 없이
남의 가죽도 벗겨 입는 나
짐승의 털을 걸치고 얼음꽃을 바라본다

단말미의 고통은 그들의 몫
나무의 통증을 눈꽃으로 읽었다

한 시각의 황홀은 무너지고
쨍그랑, 눈꽃이 깨졌다

천 년의 잠

살점 조금씩 떼어주고
옷자락, 광배(光背)도 버리고
눈, 코, 입이 떨어져 나간 물걸리 사지 부처님
어제의 모서리가 둥글어지고 있다

잠시 눈붙이고 일어나 보니 천 년이 흘렀다
천 년의 잠도 삭이지 못한 흔적
누군가 되돌려 세운 시간에 뼈대만 불려 나왔다

거름 냄새 솔솔 흘러나오는
댓돌 위에 하얀 고무신
버선발로 달려 나와 손 흔드는 구절초
가녀린 발목을 훔쳐본다

한 됫박의 시주 쌀을 이고
오르내렸던 물길
물걸리 옛 지명을 따라 흘러온
그 길이 낯설지 않아

가느다란 물길 한 자락 끌고 왔다

그날부터 시도 때도 없이 가슴에 작은 물길이 번진다

핏대를 올리며 고집을 세울 때에도
가족의 안녕을 위해 떼를 쓰듯 머리를 조아릴 때도
출렁출렁 파랑이 인다
슬며시 지우고 싶은 것들이 아프게 고랑을 내고 있다

본시 온 곳으로 돌아가고 있는
물걸리 사지 부처님이 한 일이다

무량한 슬픔

겨울 문풍지 우는 소리
평생 가슴에 들이다 바람이 드신 어머니
이승과 저승을 오가며 밤을 지새운다
싸릿대에 혼이 맺히듯 가늘게 흔들리는 숨
몸은 두고 정신만 들락거린다

위로 언니 오빠들이 수두룩했다는데
대여섯 살을 넘기지 못하고 돌로 눌러버린 애장터

읍내의 병원 문을 나서며 등에서 보낸 자식
다독다독,
젖을 물리고 계신지 숨소리 고요하다

식어가는 자식의 온기를 등에서 느끼며
터벅터벅 걸어왔을
쓰라린 대못을 평생 가슴에 묻고 사셨을까

구멍 난 양말을 꿰매며 흐느끼듯 흥얼거리는 가락에는

그래, 그래 내 새끼
그 크낙한 슬픔도 남은 자식의 밥보다 컸을까

죽은 새끼를 등에 짊어지고 몇 날 며칠을
제주 앞바다에서 헤엄쳐 다니는 고래가 사진에 찍혔다

분수

욱, 하는 심지 한번 잘못 건드리면

위로 치솟는 폭포가 있다

붉은 화염을 두르고

쏜살같이 허공을 찌르는

물줄기 하나 키우고 산다

누군가 들려주는 장단에 맞춰

움찔움찔 어깨춤도 추는

꼭두각시가 내 안에 있다

한 편의 드라마에 울고 웃는다

밤길

늦은 시간에 길을 나섰다

불콰하게 취한 하현달이 내미는 반쪽 얼굴

잠든 산을 깨우지 않고 슬금슬금 고개를 넘는다

갈 길은 먼데,

끝까지 따라올 것만 같은

가슴이 서늘해지는 밤길

기울어지는 나를 보며 걸음을 재촉한다

한걸음 뒤에서 조용히 따르는 그림자

나는 결코 혼자가 아니다

산길

서리 맞은 능선이 쩌엉정 금이 갔다

세월 따라 걸어간 발자국들이 숲을 가로질러서
먼저 간 사람의 집도 삼켰다
이 세상에는 없을 미망인과
자식의 이름이 새겨진 비석이
흙 속으로 조금씩 가라앉고 있다

지난여름 강에서 퍼 올린 빗물이 온 산에 새끼를 치고
나무의 키를 늘리더니
흙으로 강으로 줄레줄레 돌아가고 있다

거울처럼 맑고 차가운 웅덩이에
낙엽 한 장 받쳐 들고
빙글빙글
다시 만날 것을 약속이나 하듯
제 가슴에 살포시 내려놓고 길을 재촉한다

내가 걸어가는 이 길이
행여, 오래된 무덤이거나 쓰러진 고목
바위의 무거운 침묵뿐일지라도
기억 이전에 이미 예정된 만남이라면
이 산이 외롭지 않다

이력서를 달다

소 떼를 일렬로 묶어놓고
도축을 기다리는 모습을 티브이에서 보았다

순하디순한 눈망울을 굴리며 차례를 기다리는
저, 슬픈 짐승

캄캄한 죽음의 아가리에 스스로 걸어 들어가는
저, 끔찍한 체념

슬픔과 체념으로 뭉친 핏덩어리를 걸어두고
부위별 스프레이를 뿌려가며
육질의 등급을 매기는 사내

살아온 삶을 추적하여 생의 이력서를 달아야 한다는
뉴스 앵커의 멘트처럼

누군가 저 사내의 이력도 그림 퍼즐에 새기고 있는지
알 수 없다

전봇대 아래

앙상한 네 발을 허공에 세우고
전봇대 아래 던져진 주검
세상을 향한 적의의 이빨을 드러냈다
비루한 굶주림이 묻어 있는 엉킨 털이
뼈대를 덮고 있다

배를 뒤집고
끈적한 침으로 사랑을 핥던 혀
그 혀가 기억하는 주인의 냄새를 찾아
버려진 골목길을 헤매고 다니던 누렁이

오늘 밤
쓰레기와 함께 세상을 떠나겠구나

아무도 조문하지 않는 가벼운 죽음 앞에
냄새를 맡고 달려온
파리 두어 마리가 조문을 하고 있다

달팽이의 기억

생의 전부를 가두어온 담장 모퉁이에서 이상(李箱)의 날개를 보았다
이상의, 이상을 향한 접신의 순간에는 아슬한 희열을 동반한 분열 증세가
한나절 지속되었다
밑바닥으로 추락하는 대부분의 시간에는 날개도 아지랑이처럼 실체가 없다
이번 생에서는 날개를 달아본 적 없었으므로 결코 원적이 될 수 없는 저곳이
생존의 본능만이 바닥을 치는 저곳이
유배당한 지구에서 피를 토하며 멜론을 달라고 부르짖었다는데
죽어가면서야 고향의 향기를 기억해내다니,
밑바닥에서 걸어온 고행의 길이 손바닥 안이라고 뿔을 쫑긋
온몸으로 밀고 가는 저것,

제2부

칼과 숫돌 사이

벼리고 깎아서
서로에게 필요한 연장이 만들어지듯
무딘 칼날은 숫돌을 깎아내리고서야
날을 세우고 시퍼런 위엄을 갖춘다

거품을 물고 흘러내리는
예리한 눈빛
상처를 파헤치듯 돌아눕는
싸늘한 금속의 차가움이여

서로에게 익숙해질수록
제 몸을 깎아 완벽한 짝으로 태어나는
칼과 숫돌 사이처럼

무뎌지고 뭉텅한 마음을 벼리고 산다

인드라 망

태어남은 매듭을 지어
우주의 한 축으로 발을 맞춘다는 약속

힘이 들어간다는 말은
간절함이 뭉쳐서 앞으로 나아간다는 말

꽃이 벙그러지는 시시각각이
하아,
뭉친 숨을 토해내는
깊은 사색의 행위

들이쉬고 내쉬는
숨의 찰나에
우주의 색깔이 결정되는 순간이 온다

꽃의 우화는 힘이 무척 들어갔다는 말
고유의 색깔을 지운다는 이야기

그 한 코의 간격으로
꽃이 나비가 된다는 말

찌라시

폭탄세일, 정기세일, 창고정리 땡 처리……

미친 가격으로 그저 드립니다

팔랑거리는 성질/ A4 아트지 100그램

무게감이 있는 성질/ A4 아트지 200그램

무한 복제도 가능합니다

오자 탈자 없이 능숙한 말솜씨는 기본

알록달록, 아기자기

삶이 가벼울수록 광택이 잘 납니다

시선을 끌기 위해 화장은 진하고 입은 가볍습니다

홀씨처럼 가벼운 찌라시

멀리 퍼뜨려 주세요

구겨지고 짓밟히는 하루살이 생이라도

누군가에게는 따뜻한 밥이 되어 돌아옵니다

자재암*

깊이 휘어 도는 고샅길을 따라
설핏설핏 얼어붙은 낙엽을 밟으며
극락교를 건너 원효를 만나러 간다

파계한 승려의 씨앗을 품고
음기에 흐느적거리는 요석 공주의 사랑
가느다란 햇살이 아침 안개를 살살 달래고 있다

절 마당 자궁에서 솟아나는 옥수
한 길 낭떠러지 아래 고였다 흐르는 자재암의 내력
천년이 흘러도 마르지 않는다

무진(無盡) 세월 가부좌 틀고
반쯤 내려 뜬 눈
부처님의 젖가슴은 살이 오르고
오고 가는 무량한 중생들 말없이 바라보신다

---

*동두천 소요산에 있는 암자. 원효와 요석 공주의 일화가 있음.

오래된 시계

우두커니 서 있는 낡은 괘종시계
태엽을 감아 주면 그때서야
땡—땡,
살아 있노라고 맥박이 뛴다

식구들이 잠이 들면 대청마루의 낡은 가구들도
이마까지 어둠을 덮고 제자리에 눕는다

한밤의 고요를 신고 대문 밖까지 서성이는 소리
이른 새벽을 깨우고 선잠을 달래는 초침 끝에는
사계절이 한 달처럼 매달려 있었다

힘겨운 오르막 길
귀뚜리 울음소리가 빙 인까지 들이와 김을 흔들고
초침은 밤새 제자리걸음이다

한때는 사랑도 뜨거웠다

물에 누운 부처

포매리 이정표에서 여기까지 왔다
길은 여럿 있었으나 앞만 보고 달려온 길
이 길을 따라온 이유를 알 수 없어
잠시 머뭇거리는데
언덕 위 바다*에서 물에 누운 부처를 만났다

길은 끝이 없으니 잠깐 쉬어가라는 말씀
여기서 한나절 도(道)나 닦아 볼까
내려놓아야 할 몇 푼의 여비를 가슴에 쟁여 들고
천 개의 눈과 손으로 중생을 구제하신다는
부처를 만나러 물길을 들어선다

입구에서 어느 보살님의 말씀이
용궁암 연화 법당에 기도 올리고
복을 받아 가라 하신다

백일기도 비 : 15만 원
철야기도 비 : 10만 원

입시기도 비 : 20만 원

신중기도, 지장기도……

복은 받지도 못하고
부처의 발바닥만 바라보다 돌아 나왔다

---

*강원도 휴휴암 언덕에 있는 카페 이름.

매듭에 묶여 돌다

허리가 긴 철마를 타고 지하로 여행을 떠난다

어둠이 짙을수록 멀리 볼 수 있는 눈
불 밝힌 상자에 들어가면 눈에 힘이 풀어지고
이 분 간격으로 문을 열고 닫는다

제 길을 붙잡고 밀려왔다가 사라지는 승객들
모두 어디로 가는 걸까
지상에서 내려온 21세기가 문자나 부호를 타전하느라
제각각 일곱 개의 섬을 만든다

손 전화를 꺼내어 풍납토성의 시민과 짧은 통화를 하고
한강대교를 건너면
강을 사이에 두고 펼치는 아파트가 성처럼 높다

소리 없는 창과 칼날의 비명이 섞여 흐르는 강
깊은 속은 보여주지 않는다
수십 세기를 두고 흘린 피가 모래밭에 차곡차곡 묻혀 있다

낯선 복장의 사람들이 오가는 양주
남경역,

나는 어느 시간의 매듭에 서 있을까
지상으로 나가는 출구를 찾아 미로를 헤매고 있다

이정표는 어디에도 없다

어디로 가는 중이신가

외진 산길,
주인을 잃은 낡은 몸이 가시덤불 밑에 누워 있다
누군가, 끌고 온 길을 벗어놓고 갔다
꽁꽁 동여맨 호흡은 느슨하게 풀어지고
빛바랜 움막 한 켤레 낙엽이 신고 있다
지나가는 바람도 슬쩍 발목을 넣어보고 간다

출생의 내력을 묻지 않는 것이 숲속의 질서
목하, 장례가 진행 중이다

산길에 부려놓고 떠난
신발의 주인은 지금 어디에 있을까
한 생을 담았던 나의 몸도 언젠가는 버려야 할 것인데
태어나면서 붙여진 호명을 달고
가뭇없이 달려온 길손에게
길에서 몸을 풀고 있는 저것이 묻고 있다

지금, 어디로 가는 중이신가!

개똥참외가 내게로 왔다

늘 다니던 골목길에
한철 화려하게 피었다가
곰보 자국 같은 흔적 남기고 담장에 기대선
덩굴장미
그 아래, 개똥참외 싹이 자라고 있었다

어머니를 따라 묵정밭에 갔다가
어린 내 주먹만 한 노란 개똥참외가
그 다디단 설렘이
시간의 울타리를 넘어 내게로 왔다

두 손으로 조심조심 뽑아다가
마당에 심어두고 바라보느니

잡초 무성한 내 마음의 묵정밭에
어머니는 계시지 않고
노란 개똥참외는 다시 열리지 않는다

바람의 주소

바람의 집은 어디일까
거품을 물고 하루에도 수천 번 밀고 당기는 파도

봄이 오면
느긋한 바닷새의 등에 올라 봄바람이 되지
양손에 씨앗을 날라 사랑을 키우지
펑펑 속내를 터트리는 산과 들

화양연화,
흩날리는 꽃잎 사이로 바람의 가랑이를 볼 수 있지
킁킁, 냄새를 즐기며 줄을 잇는 바람의 자식들

꽃길은 태풍의 눈으로 돌아서기도 하지
한창 배를 채우는 녹색 모가지들
무거운 머리가 수런수런 바람의 기미를 살피지

선착장에는 피양 온 낯익은 배들
서로서로 다리를 묶어 파도를 타지

낡은 타이어를 몸에 감고 적당한 거리를 두지
가까운 사이일수록 상처가 깊어지지

태풍에 중심을 잃고 쓰러진 여름은
왕성한 식솔들을 버리고 서둘러 떠나가지

폈다 오므리는 바람의 우주 공간

어미 아비의 본적은 어디일까
바람의 거처가 궁금하네

분갈이

창틀에 올려둔 게발선인장
분갈이한 지 오래인데 연분홍 꽃 몇 송이 피었다
한 줌의 흙 속 어디에
저토록 고운 양식이 들어 있었는지
가늘게 비켜가는 햇살 몇 모금 받아먹고
발톱에 꽃물을 들였다

꽃 분홍 나일론 치마를 추석빔으로 입고
꽃보다 향기롭게 피어나던 나이
흙담집에 고인 가난은
오래 분갈이가 되지 않고 메말라 있었다

서울로 식모살이 갔던 누이
뿌리째 뽑혀 나갔다
야간학교의 꿈이 시들고
기저귀 빨던 손이 빨갛게 익어갔다

입고 왔던 꽃 분홍 나일론 치마

허옇게 물이 빠져도
부엌데기 눈물받이에 꽃물이 어룽어룽 맺혔다

낙석주의

시원하게 뚫린 도로를 달리다 보면
얼키설키 동여맨 상처
“낙석주의”란 팻말이 섬뜩하다

달리란 말인가
멈추란 말인가

운이 없으면 돌벼락을 맞을 수도 있다는 말

앞만 보고 달리다 보면 낙석주의란 경고문은
인생의 길목마다 숨어 있어

누군가 던진 돌에 맞아 죽을 수도 있다는 말

얼키설키,
상처 난 가슴을 안고 살아본 사람은 안다

돌아서 가는 것이 평생 내가 하는 일이다

붙박이 꽃

막 피었거나
피어나려는 그 순간의 요염한 자태로
당신의 갈증을 풀어주는
한 잔의 손 안에 살아 있어요

피고 지는 애락의 기쁨도 모르고,
뿌리가 없어도 흔들리지 않는 그럴듯한 모방
건조한 입술이 닿을락 말락
표정 없이 웃고 있어요
아니, 울고 있어요

나른한 오후에 마시는 향긋한 꽃차
한 잎 두 잎 피어나는 마른 꽃잎의 재주
죽은 향기에 취한 당신
그 손에서 뛰어내려 온몸으로 깨지고 싶어요

손끝에 묻은 피 한 방울 물고 날카로운 비명으로
당신의 발밑에 흩어지고 싶어요

굴레

어떤 인연이 가져다준 화분의 꽃망울은
피울 듯 말 듯 목울대만 붉어졌네
옅은 핏빛 동백은 뛰어내릴까 말까
발밑은 천 길 낭떠러지였네

토양의 절반이 스티로폼
스티로폼보다 가벼운 목숨이었네
불안한 잠은 핏기를 잃고
엉킨 발목이 그 자리에서 돌고 돌았네

찾아온 삼월이 동백의 이마를 짚고
가난한 동거가 한동안 이어졌네

마른 가슴을 적시는 새벽이슬
지나가는 성글은 비바람의 깜냥에도
허리를 꺾는
굴욕과 비애의 싹을 틔웠네

시퍼런 잎맥에 돋은 두려움
그 두려움을 감고 도는 뿌리
동백의 원죄를 나는 모르네

풍경

도봉산 초입에 늘어선 기념품 가게
바람이 데려다 놓은 풍경 하나
속세에 내려온 비구니 같다

산사의 처마에 매달려 바람 따라 울던 적막
가슴에 들이고 싶어 데리고 왔다

음성 공양도 인연인데
여염집 대문이면 어떠랴
어지러운 마음을 달래보려고
청량한 소리를 걸어두었다

쉴 새 없이 드나드는 발소리에
소스라치게 운다

세속의 시름에는 한 치의 여유도 없구나

제3부

마음

문득,

족쇄가 보이지 않아 불안해졌다

얼른 찾아서 몸에 걸었다

사사건건 주인 행세를 하는 족쇄

다시 불편해졌다

제 꼬리를 물고 돌고 도는,

너는 누구냐

앙코르와트

당신이 들려주고 싶은 노래
당신이 보여주고 싶은 노래
늘, 그렇게
목이 말랐다
들을 수 없고 볼 수도 없는, 먼 이국의 사원과
사원을 지키는 나무의 이력과
내 전생의 이데아였을, 신들의 궁전을 지키는
무겁게 짓눌린 돌탑의 고행

조금씩, 조금씩 야금거린
이끼 낀 희미한 미소가 남아 있는 곳
시간 너머의 왕국을 찾아
여러 생이 꿈꾸고 간
천 년의 흔적을 지우는 일
춤추는 환각 속을 무너져 내리게 하는
보이지 않는 불가사의의 힘

어느 행성들 사이를 유랑하는

그들의 전생을 엿보는 일
만큼이나 멀고, 느리게 다가오는
눈을 감아야만 들리는 거대한 침묵의 함성이 있다

부르고 싶은 노래

어떤 곡조로 부르고 싶은 걸까
눈을 감고 가슴에 현을 고른다

어쩌면, 흐르지 못하고 고인 눈물 같은 것
오래전부터 키워온 바람 같은 것

가슴에 품고 있는 푸른 휘파람 소리는
멀리 가지 못하고 되돌아와 문을 두드리고
오래된 통증을 다시 속으로 들인다

허물을 벗지 못한 울음으로
새로운 노래를 불러보지만
고여 있는 통증이 신음 소리를 낼 뿐

죽어야 다시 태어날 수 있는 돌기가
내 몸에 산다

장미의 부름*

장미가 시(詩) 속으로 들어선다

귓바퀴를 따라 맴도는 작은 떨림은

여백이 되고

허공을 깨우는 큰 울림의 고요는

행간을 훌쩍 넘어간다

꽃이 피고 지는 이유를 받아 적지 못해

백지 위로 꽃잎이 진다

일상을 흔드는 경계

그 너머에서 길을 잃었다

---

*다그니 케르너의 책 제목에서 차용.

당당한 식사

하늘도 몸이 무겁게 내려앉은 초겨울 오후
창가에 엉겨 붙는 이 긴장감은 어디서 오는 걸까
바깥의 공기가 수상하다
적막 속으로 파고드는 이 살기,
창문 앞으로 살금살금 다가선다

놀라워라
담장 밑 말라버린 꽃대 옆에
당당히 앉아 있는 저 매 한 마리
날카로운 발톱 사이에 바들거리는 참새
부리로 천천히 털을 뽑고 있다

십 년도 넘게
질금질금 영역을 표시해 가며
매섭게 짖어대던 저놈의 누렁이도
주춤주춤 낑낑거리고 있다

이십 년도 넘게 내 집이라고

가슴 한복판에 탕 탕
선을 그어 놓았던 나도 오금이 저려
창밖으로 나서지 못하기는 마찬가지

화등잔만 한 노리끼리한 눈을 이리저리 굴리며
여유롭게 식사를 끝내는 저 당당함 앞에서

어쩔 수 없이 힘의 추(錘)에 대롱거리는
비겁하고 소심한 인간이여
잡종의 개새끼여

저승꽃

백 년도 찰나,

사사로이 꽃을 피울 수 없다는
그 생각이 무성하게 자라 하늘을 오른다

풀도 나무도 아닌 것이 속을 비우고
층층이 탑을 쌓아도
텅 빈 저 방은 무너지지 않고 허공을 오른다
허리를 꺾지 않는 푸른 결기로
마음에 잔가지는 키우지 않는다

서로의 어깨를 움켜잡고 저 너머까지 헤엄쳐
아가미 총총히 눈뜨는 죽순
지나가는 소나기가 물의 기억을 부른다

때가 되면 사리 꽃을 피우고
바람을 따라 날아간 씨가 새 영토를 넓힌다

열반의 꽃이다
일생을 두고 쌓은 탑이 직립으로 죽어간다

아침과 저녁 사이를 오가는
시계추 같은 발걸음
백 년도 못 사는 나도 저승꽃이 피었다

귀뚜라미

밤을 새워 울어도

한마디도 듣지 못했네

가까이 있어도 멀기만 한 당신

오늘 밤이 지나면 노래가 될까

귀뚜리 울음이 발등을 적시는 밤

내일이면 서리가 내리겠지

쥐에 물리다

새벽까지 문턱을 넘나들던 불면
제풀에 지쳐 잠으로 기울었다

늦은 잠 속에 난데없이 주먹만 한 쥐가 들었다
찌릿, 등을 빳빳하게 세우고 다리를 무는 쥐
내 몸에 언제 쥐구멍을 만들었는가

작은 미물에 물려 전전긍긍, 숨을 죽여야 하다니

불쑥불쑥 찾아오는 쥐
극심한 통증이 온다
웅크린 자세로 사라지기만을 기다린다

오늘 밤도 쥐구멍을 찾아 이리저리 헤맨다
두 다리를 죽 펴고 잠들고 싶다

짠맛

어머니는 굵은 왕소금을 톡 톡,
앞니로 깨물어 드시곤 했다
빈 뱃속을 소금에 절여
허기를 눌러 앉히려 했는지도 모른다고
뒤늦게 생각한다

오래전에 삭아버린 어머니
소금으로 녹아, 어쩌면
내 뱃속까지 길들여진 짠맛이 되었다고
나의 결정체가 어머니일 것이라고
울컥, 소금꽃이 피어난다

우는 듯 웃는 듯 찰나에 갇힌 어머니
낡은 사진 한 컷이
수시로 마주해야 할 나의 자화상 같다고
낮은 자세로 살아온 지난 시간을 떠올려본다

달콤하지도 세련되지도 않은 그 맛이 싫어

엄마처럼 살지 않겠다고 입버릇처럼 말하는
딸아이의 몸에서도 짭쪼름한 냄새가 난다

밖에서 보다

생각 밖에서 생각을 보고
가족 밖에서 가족을 보고
도시 밖에서 도시를 보고
지구 밖에서 지구를 본다

개미의 아우성이 코끼리의 고막을 찢고
나비의 날갯짓이 태풍을 낳고
꽃의 태동이 생명의 근원이 된다

까마득한,
광년 전에 빛났던 저 별빛
이곳, 지구에서 마주치니
안드로메다 성운이 고향이라고
잊었던 기억 되살아난다

슬픔의 뿌리

손도 눈도 없는 것이
허공의 허리를 잡고 떠돌다가
길바닥에 뿌리를 내린
어린 씨앗의 운명처럼
정체를 알 수 없는 그 무엇이 있다

밥의 그릇 수만큼
그것도 하염없이 덧대어 자랐을 것이다
모태의 아픔도 같이 싹이 텄을 것이다

무게를 누를수록 떠오르는 힘
살아온 중심이 위태롭다
몸보다 커진 슬픔에 다리가 휘청거린다

저 무량한 슬픔, 출렁이는 비애

눈으로 본 적도 없는 것이
날마다 가슴에 싹을 틔운다

아름다운 가게

누군가의 체취가 묻은 중고품들
늘어진 어깨들이 한 줄에 엮여 있다
넘치던 자존심은 헐렁해진 솔기에 주저앉고
구겨진 무릎의 매무새는 펴지지 않는다

만 원 한 장이면
몇 장의 행복을 챙길 수 있는 아름다운 가게

앞자리에 걸린 빛바랜 가방도
새 주인을 기다리며 가슴이 빵빵해졌다

무게의 축이 어디로 기울지 뒷굽이 기운 신발
중심을 잡느라 옆구리가 시큰거려도
새 걸음은 가볍다

바구니가 넘치도록 골라 담아도 넉넉한 주머니
다시 시작하는 첫출발은 부담이 없다

이곳에 오면

손때 묻은 추억도 거래가 된다

그 남자의 떡

동안의 그 남자
오십이 되도록 늙은 아이로 살아가고 있다
방앗간 피댓줄에 시간을 통째로 걸어두고
떡만 주무르고 산다

가족과 친구가 없어도
시세에 흔들리지 않는 남자
그가 뽑아 올리는 미끈한 떡가래마냥
생각의 갈래에는 숨겨놓은 앙금도 없는지
시도 때도 없이 웃고 산다

부드럽고 쫄깃한 떡을 평생의 짝으로 아는지
동글동글 얼굴 도장 찍어서 좌판에 늘어놓는다
파장에 얹어주는 공짜 떡 한 팩에 발길이 머물고
말랑말랑한 얼굴에는 재고가 없다

주일이면 구겨진 양복을 걸치고
하나님의 백을 확인하러 가는 남자

하늘의 떡을 먹으러 간다
말씀의 떡이 커다란 백이다

바람을 피우다

불러 주세요,

가슴이 뜨거워지면
무풍으로 바람을 드립니다
사뿐히 날아가서 시원하게 애무해 드리지요
후끈 달아오르도록 강도를 높여 주셔요
긴 밤도 달달하게 봉사해드립니다

당신의 터치가 있기 전에는
살아 있어도 산 것이 아닙니다
눈이 닫히고 입이 열리지 않는
우두커니의 시간

한 생애의 암호를 입력해 주세요

당신이 뜨거웠던 시절에는
신바람에 취해서
생의 굽이굽이를 스스로 도는 줄 알았죠

내미는 손길이 없다면
청정한 우리의 사랑도 이 밤은 눅눅한 사이

온몸으로 나눌 수 있는
사랑의 온도를 선택해 주셔요
뜨거운 가슴도
차가운 마음도
당신이 원하는 만큼
꼭, 그만큼만 바람을 피우다 가겠어요

간월암

세상이 낯설어 갈 곳이 없을 때

물어물어

그곳에 숨어 버리고 싶었네

보일 듯 말 듯,

낮달 같은 그 사람이 하얗게 떠오르면

딱 한번,

바닷길이 열렸으면 했네

제4부

닿을 수 없는 슬픔
— 철로

150cm의 거리에서
우리는 마주 보고 있다
손을 내밀면 금방이라도 닿을 듯
가까운 사이

우리를 밟고 지나가는 열 량의 무게

뜨거운 바람이 가슴에 솟구치고
침묵 사이엔 작은 꽃이 핀다

둘이 하나 되어 가는 길이어도
영원히 만날 수 없는 사이

쇠못이 가슴에 총총 박혀 있다

두 개의 길

가을 억새의 사원으로 순례를 떠나요
한 무리의 살찐 돼지가 트럭에 실려
앞서거니 뒤서거니 같이 가요

몸 한번 바로 세우지 못하고
짐짝처럼 실려 가는 저들의 순례길은
흔들리는 무게를 버리는 일이에요
가벼워져야 날 수 있어요

풀썩거리는 먼지는 산의 허리를 깎아내려요
허방에 몸을 날리는 것들의 주검 위로
파릇파릇 초록 피돌기가 돌아요
물음표를 따라 오르는 가쁜 숨소리

한 치 앞도 볼 수 없는 돼지의 순례길은
죽음으로 가는 마지막 길인 줄 알고 있었을까요

민머리 능선에는 억새의 사원이 숨어 있어요

손닿으면 베일 듯 날 세운 은빛 말씀들
가벼워져야 한다고 햇볕을 당겨 바람에 말려요

길에서 날아온 경전 한 구절이
안전지대 없는 내 마음에도 활짝 피었어요

겨자씨 한 톨 심었어요

어느새, 돼지들도 눈앞에서 사라졌어요

법륭사* 기둥

이천 년 동안
하늘과 땅을 이어주던 나무가 쓰러지면
햇볕과 바람과 물의 입맛을 버리고
몸을 가볍게 말려야
묵은 마음이 순하게 풀어진다는데요

원시림에서 살아가던 가쁜 호흡의 나이테가
마른 향기를 품을 때까지는 죽어서도
딱, 오십 년이 걸린다는데요

단단하게 뿌리내렸던 고집도 꺾이고
하늘을 올려다보던 가지도 잘라 버리고
생존의 내력이 온화한 곡선을 그릴 때
비로소 법륭사 기둥으로
새로운 삶을 살아간다는데요

천삼백 년 동안 무거운 도량을 받들고도
아직도 청정하다는데요

불법의 향기가 두루 충만하다는데요

하루 만이라도 나는 묵은 생각을 버리고
누구에게 든든한 기둥이 되어 보았을까요
쉬지 않고 들끓는 가슴에
잘 익은 향기 한번 품어 보았을까요

두 팔을 벌려 법륭사 기둥을 슬며시 안아 봅니다

---

*일본 나라현에 있는 절. 담징의 벽화가 있음.

몸으로 그린 지도

어미의 태에서 영글지 못한 핏덩이를
싸늘한 길에서 불러내었구나
아스팔트 위에 점점이 흩어진 살점이구나

풀숲에 털을 섞으며 자연의 소리를 듣던 귀
구름과 바람의 속도에 깃들어 에둘러 다니던 길

사방을 두리번거리던 눈은 일시에 멀어지고
바퀴의 속도에 몸은 허공이 되고 말았구나

네 개의 다리는 뭉개져 버둥거리고
핏덩이를 바라보는 눈이 신음 소리보다 깊구나

대지로 스며들지 못한 혼곤한 피를
어둠이 짙은 천을 짜서 덮는구나
하늘에서 장대비가 데려가는구나
내일이면 뼈 가죽만 남아 몸의 지도를 그리겠구나

앞만 보고 달려온 길
내가 평생 달려온 길도 이 길이었구나

교동도

렌즈에 초점을 맞추는 순간 완벽한 알리바이가 기록되었다

휘어지는 연대기, 들이대는 잣대까지 진화하는 눈을 피하지 못한다

다수의 돌아선 우연까지 알리바이가 증명될 것이다

허물어진 문의 경계가 안과 밖의 시간을 풀어내어

검은 흙은 제 속의 소금기를 부풀려 몸피가 불어난다

음모의 중심에서 밀려난 새털구름이 바다를 건너 층층이 사라진 하늘

유배의 시간은 한나절이 아득하여 돌아 나와도 그 길인데

손을 잡고 나란히 한 획을 긋는 바닷새

길은 바다에서 끝나고 알리바이는 육지에 닿지 못한다

늙은 화개산이 나이를 가늠해 보느라 길게 그림자 비춰보는 오후

저 멀리 첨벙첨벙 걸어오는 다리가 있어

유배의 섬에 갇힌 영혼들도 뭍으로 나갈 수 있겠다

교감을 나누다

그 여자*는 돌고래와 친구가 되려고
알몸으로 북극의 차가운 바다에 뛰어들었다

얼음 위의 여자와 물속의 흰 돌고래는
주둥이를 얼음에 대고 먼저 인사를 나눴다

바다에서 최고의 영성을 가졌다는 돌고래와
지상의 인류가 교감을 나누는 역사적 방문을 앞두고
물에서 살아온 조상의 기억을 요가로 깨워 온 나탈리아

황홀한 나신의 몸짓으로
흰 돌고래의 허리를 껴안고
천천히 물속을 헤엄치는 한 마리 아름다운 인어
육지와 바다가 하나가 되는
전 지구적 사랑을 보여주었다

새벽부터 참새의 수다가 주렁주렁 열려 있는 감나무
지난밤,

옆집 대추나무의 안부를 조잘조잘 전하는 것일까
바람도 귀를 세우고 숨을 참는다

---

*나탈리아 아브세엔코. 러시아의 과학자이며 명상가.

부력

늙은 여자가
시장 바닥에서 헤엄을 치고 있다
굽신굽신 먹이를 구하고 있다
오늘은 미끼를 드리우기 좋은 날
입질을 기대하며
선홍빛 아가미를 가진 젊은 여자를 올려다본다
잠깐 흔들리던 찌가
바닥에 떠도는 소문을 훔쳐보며 돌아선다

정어리, 고등어 떼 헤엄치는 바다에서
고래 등 같은 집을 짓고
굽실거리던 허리를 내려다보던 적도 있었지
남편과 자식이 양쪽에서 저어가던 노
이제는 맨손으로 혼자 저어 간다

부력을 잃고 바닥에 엎드려 있는 늙은 여자
이 강을 건너 어디에 닿으려는지
천천히 움직이고 있다

어머니의 유산

북받치던 울화를
뜨거운 인두로 쓸어내리던 당신
육신은 없어져도 시간을 건너 오늘을 산다

발걸음도 드문드문 해거름 난장에는
몸뻬 바지에 동여맨 허기와
시든 푸성귀에 엄마가 매달려 있다

방 안에 담겨 있는 아이의 귀가
어룽어룽 밖에서 서성거리면
산그늘에 묻힌 어둠이
초가집 뒷간의 깊이만큼 북받치고

돌아오지 않는 아버지의 술주정은
농수로의 도깨비불과 아직도 싸우고 있다

그런 내가 당신의 일생을 붙잡고
이번 생을 층층이 건너가고 있다

너는 나를 바라보며 눈물을 흘리고

내일을 당겨 오늘 살아볼 수도 있겠다는,
저녁이 먼저이고 아침이 뒤에 올 수도 있겠다는
울렁이는 환상

우주가 숨겨놓은 높고 신비한 셈법이 궁금해
만물이 전하는 몽롱한 제의를 듣는다

지금은 주름진 골짜기의 어둠 속으로 들어가는 시기
너는 나를 바라보며 눈물을 흘리고,

오늘을 바라보는 세상은 왜 아프기만 하지?
내 안에 있는 너를 세워놓고 묻는다

밝음과 어둠이 교차하는 지점에서
나는 너를 만나게 될 거야

시간은 순서대로 나를 내팽개치지만
너는 영원할 것으로 믿는다

보이는 것은 언제나 그러하듯
내 창은 대부분 흐리고 우울했었지

처음의 그 자리에서 함께했던 합일의 오르가즘

너와 나 사이에 주름진 커튼을 지우고
너에게 다가가고 싶은
저녁 같은 아침, 아침 같은 저녁

매향리에 부는 봄, 봄

매향리에 봄이 오면
녹슬어 가는 포탄 아래
민들레가 지천으로 핀다
푸줏간의 찢어진 고깃덩어리가 흘리는
핏빛 눈물을 먹고도
저리도 고운 자태로 피어나다니
노란 꽃잎이 지고
화관인 듯,
성스러운 후광인 듯,
매향리에 봄바람이 불어오면
산으로 들판으로
철조망 너머에서 울먹이는
폐허의 농섬까지 씨앗이 흩날린다
걸개에 걸린
무거운 침묵의 함성으로
잡은 손 놓지 말자고
작은 풀꽃까지 잇대어 피어나는
봄, 봄

멀리 안개가 기어 다니는 갯벌에는
몸에 박힌 총알의 고통을 아는지 모르는지
터지지 않는 열꽃을 가슴에 품고 산다
그 속에 깃들어 사는 매향리,
오발탄의 봄은 그렇게 간다

노숙하는 꽃

채송화 한 톨 싹을 틔웠다
손톱만 한 붉은 꽃잎, 힘겹게 숨을 쉬고 있다

스스로 걸어 나왔는지 누가 꽂아 두었는지
지하 계단에 작은 꽃이 엎드려 있다
바람에 터진 꽃잎이 중얼거리고 있다
흔들리는 꽃은 바람의 탓만은 아닐 것이다

오가는 구둣발에 연신 고개 숙이는
비루한 남루를 누가 걸쳐 주었는가
몇 푼의 갈증이 채워지면 밖으로 걸어 나가
틈새의 향기로 섞일 수 있을까

목을 축일 비라도 내리면
채송화는 더 오래 피어 있을 것이다

잘 가꾸어진 담장 안에서 색색으로 피어나는 장미
은은한 향기를 날리며 봄은 익어간다

계절마다 어울리는 꽃들이 깔깔거리며 피어날 것이다

골목에 부는 거친 바람에 아무렇게나 웃자란 잡초처럼
나는 안과 밖을 기웃거리며 산다

뒤편

팔순 노부모 찾아오셨네
올해가 마지막 가을이 될 것 같다며
끝을 맺고 싶은 한 점으로 오셨네

당신으로부터 세상에 싹을 내린
손주를 쓸어 보시며
바스락거리는 육신을 예감했네

척박한 땅에 뿌리를 내려
넉넉한 하늘은 가져보지 못했네

허리가 휘어지고 어깨가 늘어져도
두 어깨에서 뛰어내리는 자식은 없었네
무릎이 깨져도 잡아줄 손이 없었네

늘 그 자리에 서 있었는데,
전화기 너머 수척해진 나무의 뒤편은 보지 못했네

그해가 가고 가을이 오기 전에
마침표를 찍고 말았네

투석

낡은 몸에 호스를 꽂고 누워 있다
얼룩지고 망가진 흔적을 지우고 있다

수시로 물먹어 부어오른 지난날
끈적한 피를 투석기가 대신 거르고 있다

꿈틀거리는 애증이 서로 엉키다 보면
만성으로 치닫는 폐쇄적 압력
터지기 전에 피를 바꿀 화해가 필요하다

계절을 잊어버린 장미가 문득 창밖에 피었다
붉은 입술을 옴찔 옴찔
이른 이월에 오월의 온기를 더듬고 있는 저 당착

때 아닌 계절에 목련이 피고 개나리가 피고
길을 잃은 자연에도 투석기가 있을까

해설

슬픔의 제단에 바치는 레퀴엠

나호열(시인·문화평론가)

1.

조광자 시인의 첫 시집 『닿을 수 없는 슬픔에게』를 읽어 내려가다 뜬금없이 '홍수 아이'가 생각났다. '홍수 아이'는 누구인가? '홍수 아이'는 1982년 충청북도 청주시 문의면 두루봉 동굴에서 발견된 인골로서 4, 5세 정도의 어린아이로 추정되며 적어도 4만 년 전 구석기 시대에 살았던 우리 조상의 원류로 주목을 받았다. 그 이후 이 인골이 구석기가 아닌 근대의 유골이라는 반론이 제기되는 등 여러 논란이 있었지만 어찌 되었던 두루봉 동굴의 소유주 김홍수 씨의 이름을 따서 '홍수 아이'라 부르게 되었다고 한다.

발견 당시 뼈만 남았으나 거의 완벽한 형태로 제단 위에 가지런히 누운 '홍수 아이'의 주변에는 흩뿌려진 꽃의 흔적이 발견되었는데 그 꽃은 지금도 가을을 대표하는 오상고절(傲霜孤節)의 꽃, 국화였던 것으로 판명되었다. 그러하니 때는 가을이었을 것이다. 들판에 흐드러지게 핀 국화를 꺾어 '홍수 아이'의 죽음을 애도하던 그 마음은 어디에서 비롯된 것이었을까? 문득 예고 없이 사라지는 존재와의 단절감, 그리고 자신들에게도 그 사라짐(죽음)이 다가올 것이라는 두려움이 기억으로 남아 있게 될 때, 슬픔은 피어나는 것인가.

동물에서 현생 인류(호모 사피엔스)로 느릿느릿 진화하던 시기의 원시인들에게 그 국화의 의미는 무엇이었을까? 어린 자식을 잃은 부모와 혈족들이 모여 들판에 흐드러지게 핀 국화를 따서 '홍수 아이'에게 주었던 그 장면이 선연히 떠오를 때, 그들의 들리지 않는 오열이 명치를 아프게 하지는 않는가. 언제부터 우리는 죽음을 두려워하게 되었을까? 죽음으로 말미암아 마주하게 되는 이별과 유한한 생에 대한 자각이 그때 처음 일어나게 되었을까? 아마도 최초의 근원적인 '슬픔'은 죽음을 목도한 오래전 사람들에게서 찾아야 하지 않을까?

조광자 시집『닿을 수 없는 슬픔에게』는 그 옛날 사람들이 한 어린아이의 죽음을 애도하며 바친 국화의 향기를 오롯이 품고 있는 시집이다. 이 슬픔으로부터 빚어지는 천 갈래 만 갈래의 물줄기는 허무라는 거대한 강을 이루며 삶과 죽음이 한 몸으로 가득 차서 그만큼 만물을 포용하는 바다에 가닿는다. 그렇다면 이 시집은 그 여정(旅程)의 장면 장면, 삶을 정의하는 독백으로 아로새기는 것이라고 생각해도 마땅하지 않을까.

느릿느릿 되새김질하는 강
가는지 오는지 깊은 속을 보이지 않는다

밀림 한가운데서

사자에게 먹히고 있는 새끼를 바라보는
어미의 눈이 저랬다

온통, 검푸른 동공뿐이었다

—「산다는 것」 전문

따로 따로 분석할 수 없는, 또 분절(分節)할 수도 없는 강의 속성과 다름없는 생존의 방식은 인드라 망이라는 거대한 존재론으로 받아들이기에는 벅찬 일이다. 사자의 먹이로 잡아먹히는 새끼를 어찌할 도리도 없이 망연하게 바라볼 수밖에 없는 동굴의 왕국이 바로 우리가 살고 있는 이곳, 처연한 "온통, 검푸른 동공"으로 바라보는 현실이 아닌가.

2.

이와 같이 동굴의 왕국이 멀리 있는 것이 아니라 바로 지금 약육강식의 삶을 둘러싸고 있는 세계를 조광자 시인은 "온통, 검푸른 동공"으로 바라본다. '검다'와 '푸르다'의 합성어인 '검푸르다'의 주색(主色)은 '푸르다'이다. '검다'가 상징하는 어둠과 '푸르다'가 일으키는 불안과 공포, 비참함이 뒤섞인 시각으로 죽어가는 새끼를 처연히 바라보는 감정을 뭉뚱그려 유추해본다면 "검푸른 동공"은 절망과 분노를 넘어서는 체념에서 발원한 슬픔의 공터라고 볼 수 있다.

그리하여 시집 『닿을 수 없는 슬픔에게』를 관통하는 키워드는 '슬픔'이고 그 슬픔은 사멸(死滅)을 향해 가는 존재를 바라봄으로부터 시작된다. 그래서 시인은 검푸른 눈으로, 사자의 먹이가 되는 새끼를 바라보는 어미의 마음으로 슬픔을 기꺼이 자신의 몸으로 받아들인다. 그러나 "눈으로 본 적도 없는 것이/날마다 가슴에 싹을 틔우는"(「슬픔의 뿌리」) 형체가 없는 슬픔을 가슴에 담는다 해도 포획될 수 없다. 그 슬픔은 엄밀히 말해서 150㎝의 거리에 놓인 철로처럼 "둘이 하나 되어 가는 길이어도/영원히 만날 수 없는"(「닿을 수 없는 슬픔에게」) 개별적인 것이기 때문이다.

이렇게 본다면 슬픔은 나눔으로서 해소될 수 있다는 인식은 거짓이 된다. 한 그릇의 밥을 나눠 먹는다고 해서 골고루

포만감을 가질 수 없는 것과 같이 슬픔을 공유한다는 판단은 사회적 존재임을 표방하는 인간계에 있어서 한갓 헛된 꿈에 불과한 것인지도 모른다. 우리는 결국 슬픔의 밖에서 슬픔을 바라볼 수밖에 없는 것이다.

> 생각 밖에서 생각을 보고
> 가족 밖에서 가족을 보고
> 도시 밖에서 도시를 보고
> 지구 밖에서 지구를 본다
>
> 개미의 아우성이 코끼리의 고막을 찢고
> 나비의 날갯짓이 태풍을 낳고
> 꽃의 태동이 생명의 근원이 된다
>
> 까마득한,
> 광년 전에 빛났던 저 별빛
> 이곳, 지구에서 마주치니
> 안드로메다 성운이 고향이라고
> 잊었던 기억 되살아난다

—「밖에서 보다」 전문

"검푸른 동공"과 더불어 '밖'이라는 관념은 조광자 시인이 세계를 바라보는 또 하나의 중요한 잣대이다. 우리가 사유(思惟)한다고 할 때에는 반드시 대상이 필요하다. 생각하는 주체인 '나'와 '나'와 구별되는 '너'라는 객체가 존재해야 하는 것이다. 그러므로 사유가 발생할 때 우리는 모두 서로에게 '밖'일 수밖에 없다. 그럼에도 불구하고 우리는 집요하게 관계에 의존하려고 한다. 가족이라는 공동체, 더 나아가서 국가라는 울타리 안에서 서로의 안위를 담보하고자 하는 것이다. 냉철하게 보아서 서로가 서로의 밖임을 알고 있으면서도 우리는 신기루와 다름없는 사랑이라는 거룩함의 신도가 되어 서로를 소모하는 것이다.

벼리고 깎아서
서로에게 필요한 연장이 만들어지듯
무딘 칼날은 숫돌을 깎아내리고서야
날을 세우고 시퍼런 위엄을 갖춘다

거품을 물고 흘러내리는
예리한 눈빛
상처를 파헤치듯 돌아눕는
싸늘한 금속의 차가움이여

서로에게 익숙해질수록

제 몸을 깎아 완벽한 짝으로 태어나는
칼과 숫돌 사이처럼

무뎌지고 뭉텅한 마음을 벼리고 산다

—「칼과 숫돌 사이」 전문

칼이 예리해지기 위해서는 숫돌이 필요하다. 예리함의 목적을 이루기 위해서 숫돌은 자신의 몸을 끊임없이 허물어야 한다. 우리가 상찬(賞讚)을 마다하지 않는 혈족간의 사랑이나 애국심은 "무뎌지고 뭉텅한 마음을 벼리고" 사는 일에 다름 아니다. 그 벼림은 "눈물도 없이, 아픔도 없이/남의 가죽도 벗겨 입는 나/짐승의 털을 걸치고 얼음꽃을 바라본다//단발마의 고통은 그들의 몫/나무의 통증을 눈꽃으로 읽었다"(「얼음꽃」)는 진술과 상통한다. 추위를 이기기 위해 짐승의 가죽을 벗겨 옷으로 입고서 겨울나무 가지에 얹히는 상고대를 꽃이라 부르며 완상하는 '밖'의 존재, 즉 타자가 자신임을 자각하는 헛된 구도의 행위라고도 볼 수 있다.

시집 『닿을 수 없는 슬픔에게』는 이와 같은 '밖'의 비정한 세계와 충돌하며 길항하는 시인의 자아가 닿을 수 없는 슬픔을 정당화하는 여정을 보여주고 있다. 떠돌이 개의 죽음에 "아무도 조문하지 않는 가벼운 죽음 앞에/냄새를 맡고 달려온/파리 두 어 마리가 조문을 하고 있다"(「전봇대 아래」)는 비정한 풍경은 여러 시편에서도 드러나고 있는 바, 그중 몇 편의 시를 읽어보기로 한다.

캄캄한 죽음의 아가리에 스스로 걸어 들어가는
저, 끔찍한 체념

슬픔과 체념으로 뭉친 핏덩어리를 걸어두고
부위별 스프레이를 뿌려가며
육질의 등급을 매기는 사내

—「이력서를 달다」 부분

놀라워라
담장 밑 말라버린 꽃대 옆에
당당히 앉아 있는 저 매 한 마리
날카로운 발톱 사이에 바들거리는 참새
부리로 천천히 털을 뽑고 있다

…(중략)…

어쩔 수 없이 힘의 추(錘)에 대롱거리는
비겁하고 소심한 인간이여
잡종의 개새끼여

—「당당한 식사」 부분

대지로 스며들지 못한 혼곤한 피를
어둠이 짙은 천을 짜서 덮는구나
하늘에서 장대비가 데려가는구나
내일이면 뼈 가죽만 남아 몸의 지도를 그리겠구나

앞만 보고 달려온 길
내가 평생 달려온 길도 이 길이었구나

—「몸으로 그린 지도」 부분

인용 시들에 등장하는 소, 매, 로드킬 당한 뭇 짐승은 힘없고, 무지몽매(?)한 존재들이다. 고기로 팔려나가기 위해 도축장으로 끌려 들어가는 소의 무력함, 날카로운 매의 발톱에 걸려 찢겨지는 참새, 인간의 흉기(자동차)에 받쳐 목숨을 잃는 어떤 동물은 그 누구에게도 조문을 받지 못하는 떠돌이 개와 같이 스스로의 의지와 상관없이 죽음을 맞이하는 것이다. 시인은 이러한 끔찍한 풍경을 고발하고자 하는 것이 아니라 그 풍경(사건)에 대해 전혀 개입할 의사도 없으며, 개입하여 사태를 호전시킬 수 있다는 자신감을 가지지 못하는 허약함을 암유(暗喩)할 뿐이다. “캄캄한 죽음의 아가리에 스스로 걸어 들어가는/저, 끔찍한 체념”의 주체가 단지 소에 국한될 것인가! 매가 무서워 밖으로 나가지 못하는 나, 차바퀴에 깔려 흔적조차 사라지는 짐승과 대비되는 "육질의 등급을 매기는 사내"로 통칭되는 또 하나의 '나'는 "비겁하고 소심한 인간"이며 "잡종의 개새끼"일 뿐이며 맹목의 길을 무작정 건너가는 로드킬의 운명을 지닌 맹목의 존재일 수도 있지 않은가.

3.

그렇다면 이렇게 '밖'에서 "검푸른 동공"으로 세상을 인지하는 시인은 언제까지 타자와 방관자의 위치에서 닿을 수 없는 슬픔을 견디고 있을 것인가 궁금해진다. 과연 슬픔은 이렇게 '밖'과 '검푸른 동공'으로만 떠돌고 있는 것인가. 시인은 "앞만 보고 달려온 길/내가 평생 달려온 길도 이 길이었구나"(「몸으로 그린 지도」)라고 고백했던바, 우리는 어림짐작으로 조광자 시인이 교육에 의해서, 타고난 성향에 의해서 그리고 주어진 환경의 복합적인 여러 이유로 '밖'과 "검푸른 동공"을 구유하게 되었을 것이라고 유추할 수 있다.

"평생을 뒤척이며 허리가 뒤틀렸다"(「휘어지다」)는 고백은 성깔도 부리지 못하고 주먹도 내지르지 못하는 성격에서 비롯된 것이며, 그저 순하게 살아야 한다는 어머니의 영향 때문이라는 것을 알아차릴 수 있다. 이에 간간히 비쳐지는 불교적 사유가 인내의 길로 시인을 이끌고 갔을 것이라는 것을 덧붙여 짐작할 수도 있다. “태어남은 매듭을 지어/우주의 한 축으로 발을 맞춘다는 약속”(「인드라 망」)을 체화했다면 “돌아서 가는 것이 평생 내가 하는 일”(「낙석주의」)이었다는 숙명적 사유에 침잠하는 것이 자연스러운 일이 아니었을까? 아래는 이와 같은 속 끓임을 분수로 비유한 시라고 할 수 있다.

> 욱, 하는 심지 한번 잘못 건드리면
>
> 위로 치솟는 폭포가 있다
>
> 붉은 화염을 두르고
>
> 쏜살같이 허공을 찌르는
>
> 물줄기 하나 키우고 산다
>
> 누군가 들려주는 장단에 맞춰
>
> 움찔움찔 어깨춤도 추는
>
> 꼭두각시가 내 안에 있다

한 편의 드라마에 울고 웃는다

—「분수」 전문

우리가 쉽게 스트레스라 부르는 울화는 주객(主客)간의 원활한 소통이 이뤄지지 않을 때, 또는 한쪽의 억압이 과도할 때 발생한다. 인간과 자연, 개인과 개인, 개인과 사회와의 충돌은 상생을 쉽사리 허락하지 않는다. 한 편의 드라마에 울고 웃지만 주인공이 되지 못하고 꼭두각시로 살아야 하는 곤고한 삶이 「분수」에 현실감 있게 녹아 있다. 그렇다면 타의에 의해 수동적으로 살아가는 꼭두각시는 무엇이며, 어디에 있는 것일까.

문득,

족쇄가 보이지 않아 불안해졌다

얼른 찾아서 몸에 걸었다

사사건건 주인 행세를 하는 족쇄

다시 불편해졌다

제 꼬리를 물고 돌고 도는,

너는 누구냐

—「마음」 전문

우리말사전에 마음은 '감정이나 생각, 기억 따위가 깃들이거나 생겨나는 곳'으로 정의되어 있다. 의학적 식견으로 뇌의 복합적, 화학적 작용으로 이해하기엔 너무 삭막하기는 하지만 마음이 깃들거나 생겨나는 곳을 우리는 도저히 알 수가 없다. 감각을 통해서 판단하는 행위의 주체가 과연 무엇인지, 우리가 쉽게 말하는 이성(理性)의 거처도 사실 오리무중이 아닐 수 없다. 이야기가 나온 김에 이 글을 읽는 분들의 편의를 위해서 필자의 짧은 식견을 제시해 보겠다. 마음에 관해서 불교에서는 여러 경전에서 치밀하게 논리적으로 이야기하고 있다. 요약하면 본래부터 마음은 생긴 일도 없어 무구(無垢)인데 외부의 번뇌에 의해 분별심이 생기는 것이라고 한다. 또 성리학의 일단에서는 마음이 정(情)에 의해 생겨나고, 의(意)에 의해 이리로도 저리로도 갈 수 있는 것이라 한다.

인용 시 「마음」은 이와 같은 여러 정황을 살펴볼 때 심리적 자아의 의지와 무관하게 작동하는 불안으로 이해할 수 있다. 족쇄란 무엇인가? 사람이나 물건을 꼼짝 못하게 묶어두는 도구이다. 쉽게 이야기해 보자. 우리 주변에는 수많은 CCTV가

설치되어 있다. 방범을 이유로, 차량의 속도위반을 감시하기 위해서 우리 일상 곳곳에 당당하게 서 있다. 때로는 그 CCTV가 있어 밤길에 안심을 하고, 또 때로는 CCTV 때문에 사생활이 침해당하고 있다는 불쾌감에 시달리기도 한다. 이와 달리 인용 시는 우리의 생활규범인 도덕과 윤리, 법을 아우르는 양심(良心)의 기준을 탐문하는 의미로도 그 의미를 더할 수 있다. 우리는 이데올로기가 사라진 시대에 살고 있다. 규율은 불편하지만 규율이 사라진 방만도 견디기 힘들다. 정처가 없는 삶, 타자가 만들어놓은 무지개를 따라가는 꼭두각시의 삶을 어떻게 할 것인가!

4.

조광자 시인의 첫 시집 『닿을 수 없는 슬픔에게』는 등단 이후 10년이 지나 이루어진 삶의 궤적인 동시에 자신의 생애를 통해 각인된 슬픔에 대한 주석이다. 그가 마주친 세상은 비루하고 냉혹하며, 그 비루와 냉혹함을 견디기 위해 마주하는 타자는 내가 닿을 수 없는 슬픔의 주체임을 거듭 천명한다. 그러나 시인은 소멸로부터 야기된 슬픔과 그 슬픔이 풀어내는 허무에 당당하게 맞서면서 생활인으로서의 건강성을 잃지 않는 근기를 지니고 있음에 주목한다.

그 예로 필자는 「교감을 나누다」와 「일출」을 통해 끈질긴 생명에의 경외심과 교감의 꿈을 버리지 않고 있음을 확인할 수 있었다. 돌고래와 교감을 나누기 위해 북극의 찬 바다 속으로 들어간 러시아의 여성 과학자 나탈리아 아브세옌코는 모든 생명이 바다에서 탄생했음을 굳게 믿음으로서 바다 생물인 돌고래와 뭍의 인간이 서로의 마음을 열 수 있음을 보여주었다. 「교감을 나누다」는 여기에 덧붙여 바람에 가지를 부딪는 감나무와 대추나무를 보며 마치 서로 안부를 전하는 모습으로 받아들임으로서 경쟁에 시달리는 우리들에게 필요한 것이 실현 가능의 여부에 관계없이 교감을 꿈꾸는 일이라는 사실을 일깨우고 있다. 이 꿈은 「일출」에서 쇠잔한 생산력과 무미건조한 삶에서도 매일 심해를 뚫고 솟아오르는 해가 새로 태어나는 아이로 빛남을, 꿈꾸는 가슴으로 뜨겁게 이야기하고 있다.

생각하건데, 내가 살아온 날들에서
내세울 만한 가슴 떨리는 절정의 순간을 마주한 적 없어
차고 오르는 환희의
뭉클거리는 오르가즘을 느껴본 적이 없네

미늘이 널려 있는 바닷속으로
누군가 전송해 온 몇 컷의 이미지에 홀려
타오르는 저 붉고 장엄한 절정의 순간을 훑는다

무디어가는 몸을 데우기에는 이미
시들한 감각을 세워
푸른 관음의 가랑이 사이로 아득히 솟아나는 불꽃
부르르 탯줄이 떨어진다

핏빛, 바다가 들어 올린 아이
첫울음이 낭자하다

—「일출」 전문

등단 이후 10여 년의 시간이 흐르는 동안 조광자 시인은 시류에 휩싸이지 않고 모든 존재가 가진 슬픔의 장면을 자신의 삶 속에 아로새기는 일에 게을리 하지 않았다. 시집『닿을 수 없는 슬픔에게』를 일관되게 관통하는 슬픔의 정서는 공유할 수 없고, 그 모든 슬픔이 타자로부터 찾아오는 것임을 보여준다. 그 슬픔은 마음이라는 무정형의 실체에 의한 것이므로 잡을 수 없는 관망의 대상이라는 점 또한 흥미롭다. 이러한 인식이 허무에 빠지지 않고 실존의 필요성을 강화하는 힘이 된다는 사실을 시인은 놓쳐서는 안 될 것이다.『닿을 수 없는 슬픔에게』가 '슬퍼하되, 아파하지 않는 애이불상(哀而不傷)'의 요체를 터득한 시집으로 우뚝 서기를 바란다.

문학의전당 시인선 357

닿을 수 없는 슬픔에게

ⓒ 조광자

초판 1쇄 인쇄 2022년 12월 15일
초판 1쇄 발행 2022년 12월 22일
지은이 조광자
펴낸이 고영
디자인 헤이존
펴낸곳 문학의전당
출판등록 제448–251002012000043호
주소 충북 단양군 적성면 도곡파랑로 178
전화 043–421–1977
전자우편 sbpoem@naver.com

ISBN 979–11–5896–576–1 03810